Servidores Comunitarios

Doctores y doctoras

Texto: Dee Ready
Traducción: Dr. Martín Luis Guzmán Ferrer
Revisión de la traducción: María Rebeca Cartes

Consultora de la traducción:
Dra. Isabel Schon, Directora
Centro para el Estudio de Libros
Infantiles y Juveniles en Español
California State University-San Marcos

Bridgestone Books
an imprint of Capstone Press
Mankato, Minnesota

Bridgestone Books are published by Capstone Press
818 North Willow Street, Mankato, Minnesota 56001 • http://www.capstone-press.com

Library of Congress Cataloging-in-Publication Data
Ready, Dee.
   [Doctors. Spanish]
   Doctores y doctoras/de Dee Ready; traducción de Martín Luis Guzán Ferrer;
revisión de la traducción de María Rebeca Cartes.
   p. cm.—(Servidores comunitarios)
   Includes bibliographical references and index.
   Summary: Explains the clothing, tools, schooling, and work of doctors.
   ISBN 1-56065-796-0
   1. Physicians—Juvenile literature. 2. Medicine—Juvenile literature. [1. Physicians.
2. Medicine. 3. Occupations. 4. Spanish language materials.] I. Title. II. Series.
R690.R3818   1999
610.69'52—dc21

                          98-18752
                              CIP
                              AC

Editorial Credits
Martha E. Hillman, translation project manager; Timothy Halldin, cover designer
Consultant
Dr. Charles Sneiderman, MD Ph.D., Diplomate, American Board of Family Practice
Photo Credits
FPG, 12; Michael Keller, 4; Jeffrey Myers, 8; Jim McNee, 16
International Stock/Westerman, cover; Hal Kern, 6; Tom Carroll, 20
Unicorn/Tom McCarthy, 10; Bev Hoffmann, 14; R. Nolan, 18

Contenido

Para evitar una repetición constante, alternamos el uso del
feminino y el masculino.

Doctores y doctoras

Los doctores y las doctoras ayudan a curar a los enfermos. También tratan de impedir que la gente se enferme. La gente visita a los doctores y las doctoras para revisar su salud. Una revisión es un examen para ver si la persona está sana.

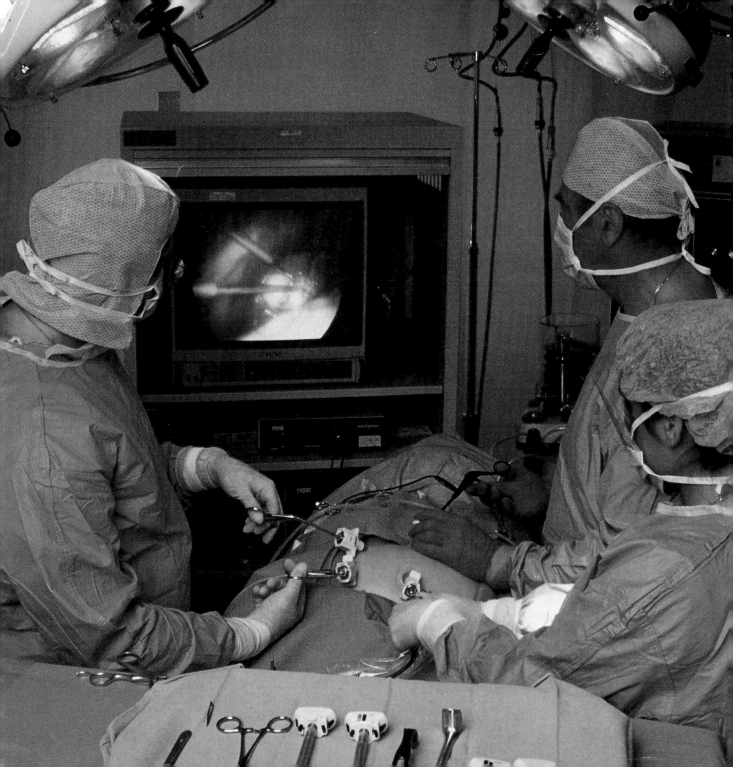

El trabajo de las doctoras

Las doctoras tratan de curar el malestar del enfermo. Algunas veces las doctoras tienen que hacer una operación. Una operación es abrir una parte del cuerpo humano para corregir un problema. Las doctoras dan medicinas al paciente para que la operación no duela.

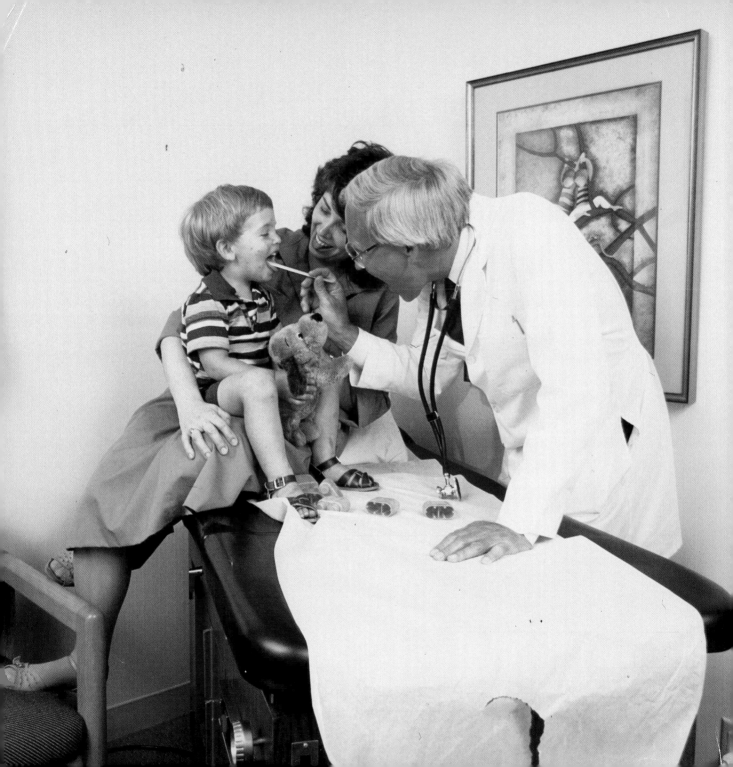

Diferentes tipos de doctores

Todos los doctores estudian el cuerpo humano completo. Algunos deciden estudiar partes especiales del cuerpo. Otros doctores cuidan a cierto tipo de pacientes. El doctor que sólo atiende niños se llama pediatra.

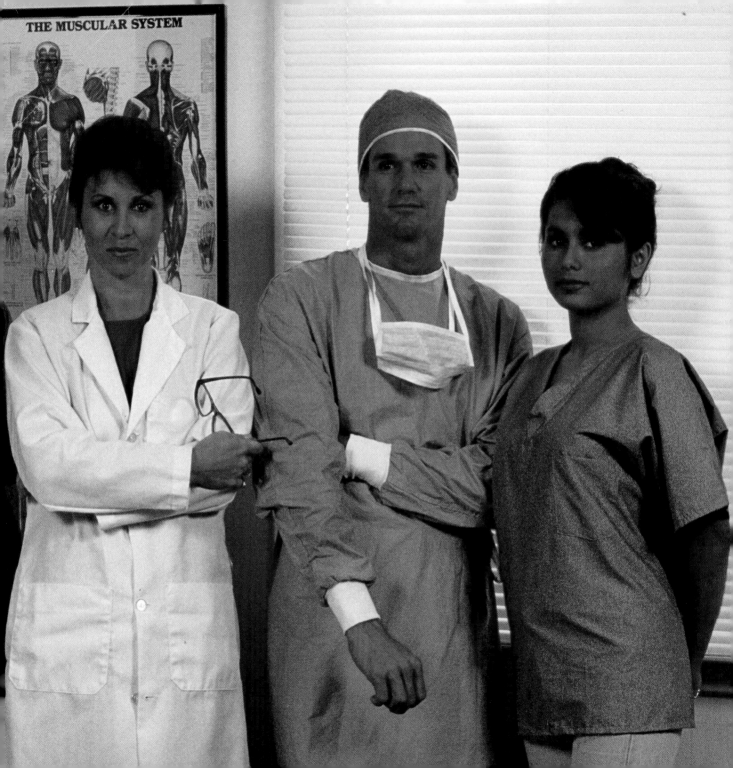

Qué se ponen las doctoras

Muchas doctoras se ponen una bata blanca para ver a sus pacientes. Algunas doctoras se ponen una especie de pijama. Los pijamas son camisas y pantalones sueltos. Las doctoras algunas veces se ponen guantes de hule.

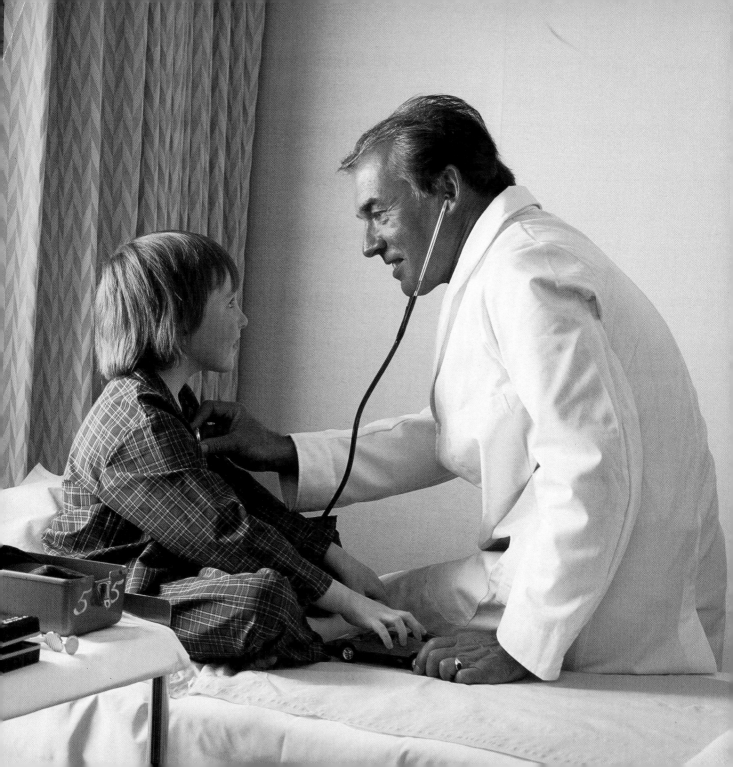

Instrumentos que usan los doctores

Durante una revisión, los doctores usan un estetoscopio. Con éste oyen los sonidos del pecho de un paciente. Ellos revisan los ojos y oídos del paciente con luces especiales. Los doctores algunas veces usan máquinas especiales para encontrar otros problemas.

Las doctoras y la universidad

Las doctoras van a la preparatoria y la escuela de medicina durante ocho años. Luego trabajan en hospitales como estudiantes médicos hasta seis años más. Después, pueden llegar a ser especialistas.

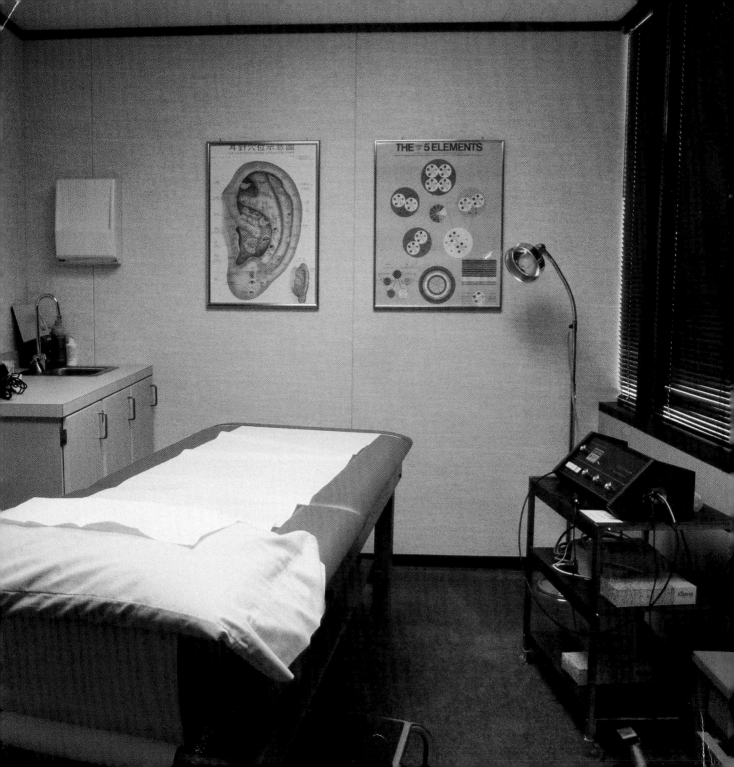

Dónde trabajan los doctores

Los doctores generalmente trabajan en los hospitales y clínicas. Algunos doctores tienen su propio consultorio. Unos cuantos doctores visitan asilos de ancianos o comunidades pobres.

Quiénes ayudan a las doctoras

Las enfermeras y los enfermeros ayudan a las doctoras a cuidar a la gente enferma. Los farmacéuticos dan a los pacientes las medicinas que recetan las doctoras. Los investigadores estudian las enfermedades para que las doctoras puedan curarlas.

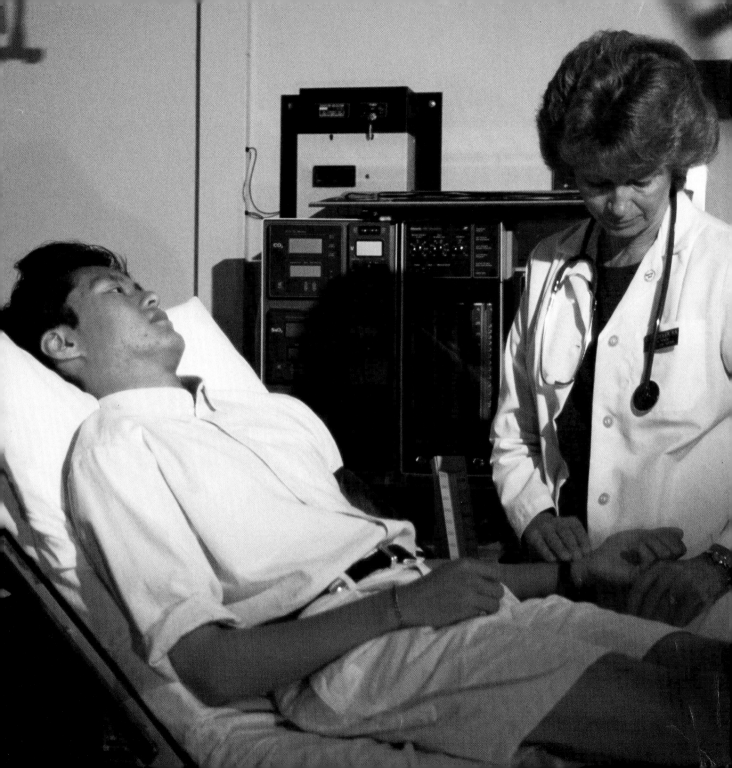

Los doctores ayudan a la gente

Los doctores son importantes para las comunidades porque todo el mundo se enferma. Los doctores ayudan a que la gente se cure y esté bien. Los doctores ayudan a la gente a estar sana y a vivir mucho tiempo.

Manos a la obra: Haz tu propio estetoscopio

Los doctores usan el estetoscopio para oír los sonidos de tu pecho. Uno de estos sonidos es el latido de tu corazón. El latido de tu corazón debe ser fuerte y regular.

Tú puedes utilizar una taza de unicel para oír el latido del corazón de otra persona. La taza será tu estetoscopio.

1. Corta la parte inferior de una taza de unicel.
2. Pon la parte superior en el pecho de la otra persona. Ponla en el centro o el lado izquierdo del pecho.
3. Pon tu oreja en el lado inferior de la taza. Escucha con cuidado.
4. Comprueba si el corazón de la otra persona late con regularidad.

Conoce las palabras

comunidad—grupo de gente que vive en el mismo lugar

estetoscopio—instrumento médico utilizado para oír los sonidos del pecho de un paciente

farmacéutico—persona entrenada que prepara y vende medicinas

paciente—persona que va al doctor para una revisión o para atención médica

pediatra—doctor que sólo ve a bebés y niños

revisión—examen para ver si una persona está sana

Más lecturas

James, Robert. *Los medicos.* Las Personas que Cuidan Nuestra Salud. Vero Beach, Fla.: Rourke Book Company, 1995.
Rockwell, Harlow. *My Doctor.* New York: Aladdin Books, 1992.

Páginas de Internet

Kids Health
http://KidsHealth.org/kid/
Children's Hospital Medical Center
http://www.chmcc.org/pep/

Índice